赵庆华护理记

ZHAOQINGHUA HULIJI

《赵庆华护理记》编写组 / 编

电子科技大学出版社
University of Electronic Science and Technology of China Press

图书在版编目(CIP)数据

赵庆华护理记 / 《赵庆华护理记》编写组编. -- 成都：电子科技大学出版社，2019.6
ISBN 978-7-5647-7055-6

Ⅰ. ①赵… Ⅱ. ①赵… Ⅲ. ①护理学 – 普及读物
Ⅳ. ①R47-49

中国版本图书馆CIP数据核字（2019）第099547号

赵庆华护理记
ZHAOQINGHUA HULI JI
《赵庆华护理记》编写组 / 编

策划编辑　周清芳
责任编辑　张静心

出版发行　电子科技大学出版社
　　　　　成都市一环路东一段159号电子信息产业大厦九楼　邮编　610051
主　　页　www.uestcp.com.cn
服务电话　028-83203399
邮购电话　028-83201495

印　　刷　重庆川康印务有限公司
成品尺寸　285mm×225mm
印　　张　4.25
字　　数　50千字
版　　次　2019年6月第一版
印　　次　2019年6月第一次印刷
书　　号　ISBN 978-7-5647-7055-6
定　　价　26.00元

序

“对于世界而言，你是一个人；但是对于某个人，你是他的整个世界。”

赵庆华就是这样看待她和她的病人，她觉得自己就是病人的整个世界，她要为她的病人在生死劫难中撑起一片天！然而，她却是一个普通而温柔的护士！于是，她历经风雨，被现实历练得意志坚强，甚至有些倔强，为了实现自己的梦想变得果敢而执著。

一次因护理一位使用特殊化疗药的癌症患者，她失去了自己的孩子。只有女人才能体味的绝望和困境，没有让她沉沦和退缩，相反，从此她变得无比坚韧，就像火、像风一样有力；洋溢的微笑如一缕阳光，照亮了许多被病痛困扰的病人。走过一程又一程，当灾区孩子呼她为“妈妈”时，当她情不自禁地把“孩子”拥入怀中时，她已经羽化为天下最幸福的女人！

三十几年如一日，她就这样深深地爱着她的护理事业和她的每一个病人。她不仅成为全市几万名护士中仅有的几位教授之一，还是全市首批护理学硕士生导师，被誉为专家型护士，获得红十字国际委员会肯定，荣获“南丁格尔奖章”。这是一件了不起的事情，我们都为之欢呼欣喜！

南丁格尔奖是红十字国际委员会为表彰在护理事业中做出卓越贡献人员的最高荣誉奖。

如今，赵庆华，她就是患者心目中的“提灯女神”，默默穿行于生命的长廊，把南丁格尔的誓言高高举过头顶的人！她让南丁格尔精神在护理行业一路花香四溢！漫卷诗书，年华似柔波中的一尾游鳞飞渡。赵庆华的故事能以绘本形式出版，非常值得庆贺。我相信，读她的故事，能激励更多的青少年儿童为理想去追求、去奋斗！

魂系护理，心怀大爱，执着前行，终有一天，你也可手摘梦想的星辰！

重庆医科大学附属第一医院副院长　肖明朝

2019年4月

1963年，赵庆华出生在四川省南充蓬安县。6岁那年的一个热天，哼着动听的童谣，照顾她的外婆突然倒下，躺在床上痛苦不堪，不久就永远离开了自己呵护备至的外孙女。外婆的去世给赵庆华极大的打击。两眼挂着斑斑泪痕，守着外婆的空床，她立下誓言：

长大后，要当一名医护工作者，为外婆那样的病人治病！

外婆临终前，曾努力地从嘴角挤出笑意，慢慢被一种压抑不住的痛苦呻吟代替，那一幕永远定格在赵庆华的脑海里。自从外婆离开了她，无忧无虑的童年结束了，从那时起，6岁的梦想就是穿上白大褂，10岁、16岁时依然如此。当初感性、朴实的决定，成为赵庆华一生追求和坚守的目标。

还在读初中的赵庆华就立下誓言要学医救人。班主任得知后，找她谈话："国家恢复了高考制度，你成绩那么优秀，可以选择读普通高中，将来考个好的大学，毕业了什么工作不好找？何必读个中专早早出来工作呢？"

赵庆华爽快地回答："老师，我想学医，我要救人！"

那时候，在赵庆华的心里，一心想穿白大褂，当一名医务工作者，为他人治病，为更多的人解除病痛。

热烈欢迎各位新生入学
重庆医学院护士学校

初中毕业后，赵庆华没有选择继续读高中，而是选择了医学类中等专业学校。她以优异的成绩考入重庆医学院护士学校，就读护理学专业。

“余谨以至诚，于上帝及会众面前宣誓，终贞职守。勿为有损之事，勿取服或故用有害之药……”她牢记南丁格尔的誓言，心中热血沸腾，青春荡漾。

丰富多彩的校园生活，让赵庆华浑身上下充满激情。她扎着小马尾，青春绽放，光芒四射。赵庆华不仅各门学科成绩优异，同时还是一名热心社团公益活动的骨干。学校组织的各种文化活动，她都主动请求参加，并带领同学们积极参与，教室里、运动场上、礼堂内到处都有她风风火火的身影。

“提灯女神”——南丁格尔开创了现代护理学这门学科，开办了世界上第一所护士学校，让“护士”这个职业被世人重新认识……

南丁格尔从小就有远大理想，一生不贪图荣华富贵，甚至还要面对种种世俗的歧视，但她毅然不顾，执着追求自己热爱的护理事业，南丁格尔的种种壮举和勇敢精神，激励着赵庆华的求学之路。南丁格尔就是她心目中最崇拜的偶像和“女神”。

路灯下，被窝里，同学们熟睡后，她总是还在读书，像只不知疲倦的蜜蜂。累了、困了，想到南丁格尔提着小马灯，在硝烟弥漫的战场上，不顾个人安危抢救伤员，赵庆华顿时又精神倍增。在学习肌肉注射和皮下注射技术的时候，同学们常常在对方的身上练习打针。有的同学怕痛，这时候，赵庆华总是伸出手臂来：“扎我吧！”

每次练习课，赵庆华都让大家往自己身上扎，手上、身上留下很多的针眼。

重医
门

在医学院打磨三年，赵庆华以优异的成绩毕业。毕业典礼那天，她和同学们在庄严肃静的大礼堂，兴高采烈地完成了神圣的“授帽”仪式。洁白的护士帽，又叫燕尾帽，象征着圣洁的天使，伴随着《平安夜》的乐曲声，赵庆华从老师手中接过蜡烛，她握紧拳头，在南丁格尔塑像前宣誓，齐声朗诵心中那段传颂了无数遍的誓言。

此时此刻，激动的泪水在赵庆华的眼眶里打转，她太激动了。她要像南丁格尔那样，要像手中的蜡烛一样，燃烧自己，照亮他人。

爱心 耐心 细心
护士站

在重庆医科大学附属第一医院心内科，赵庆华开启了自己的护理职业生涯。

白天护理工作的繁忙，晚上通宵达旦的值班，让她感觉有些累了。为了提振精神，她常喝浓茶，一杯接一杯。长期的夜班和糟糕的睡眠，有时候也让她吃不消。赵庆华偶尔也有气馁之时，但是当患者出院时送来鲜花，道一声感激和赞许时，全身的疲倦和劳累又立即消失了。

面对一个个患者的感恩致谢，她从中得到了满足，也激励着她继续前行。

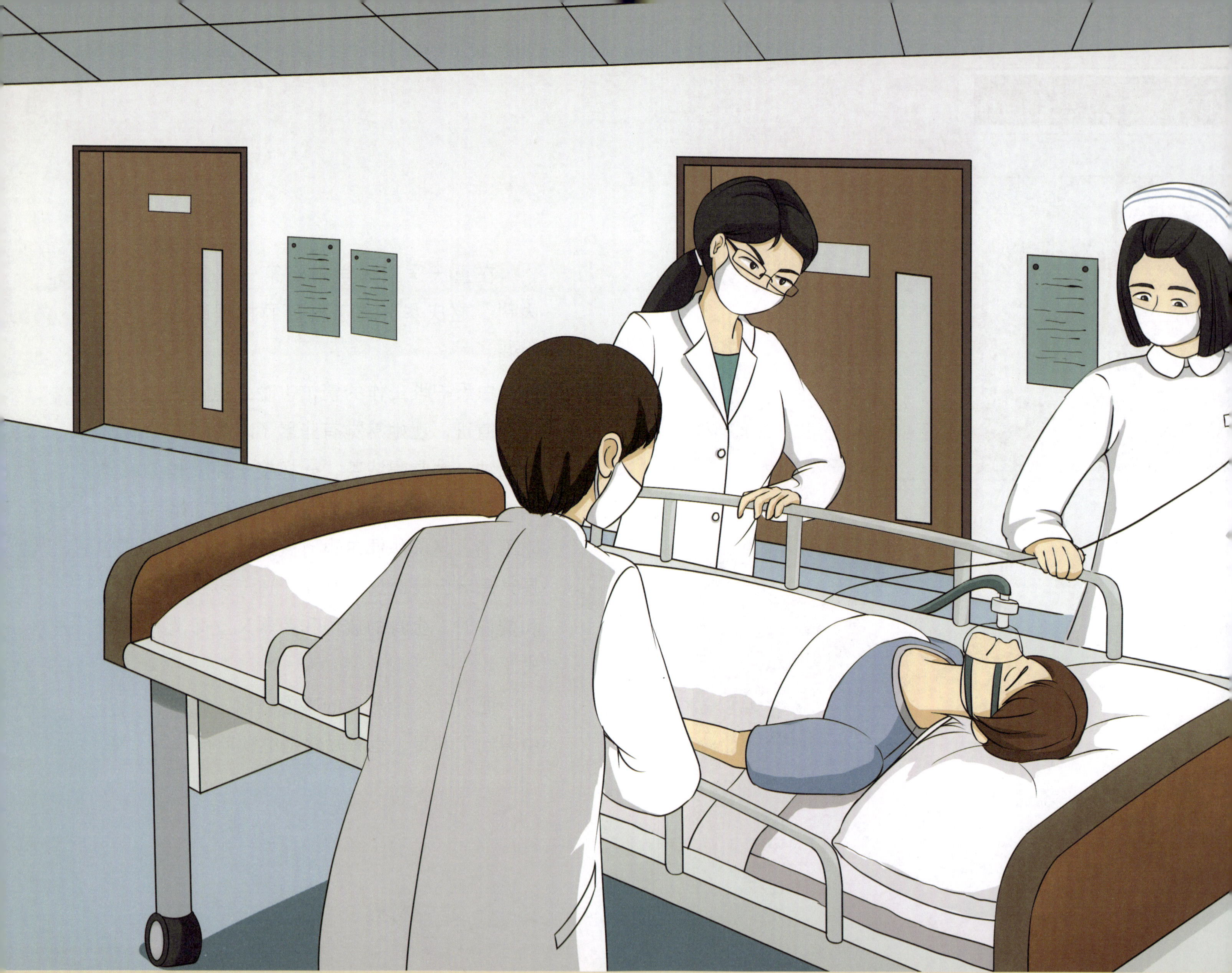

护理工作每天面对病痛，甚至死亡的环境，赵庆华有纠结，有无奈，也有烦恼。“而病人的信任和期盼，成为我坚持下去的动力。”她在日记本中写道：“护理工作特别锻炼耐心和恒心，只用心去做，每个人的综合素质都会上一个台阶。”

她尽心尽力，一干就是30多年。在护理工作岗位上，细心照顾灾区伤员和病人，与许多病人成为朋友并结下深情厚谊，为他们在生死劫难中撑起一片天。

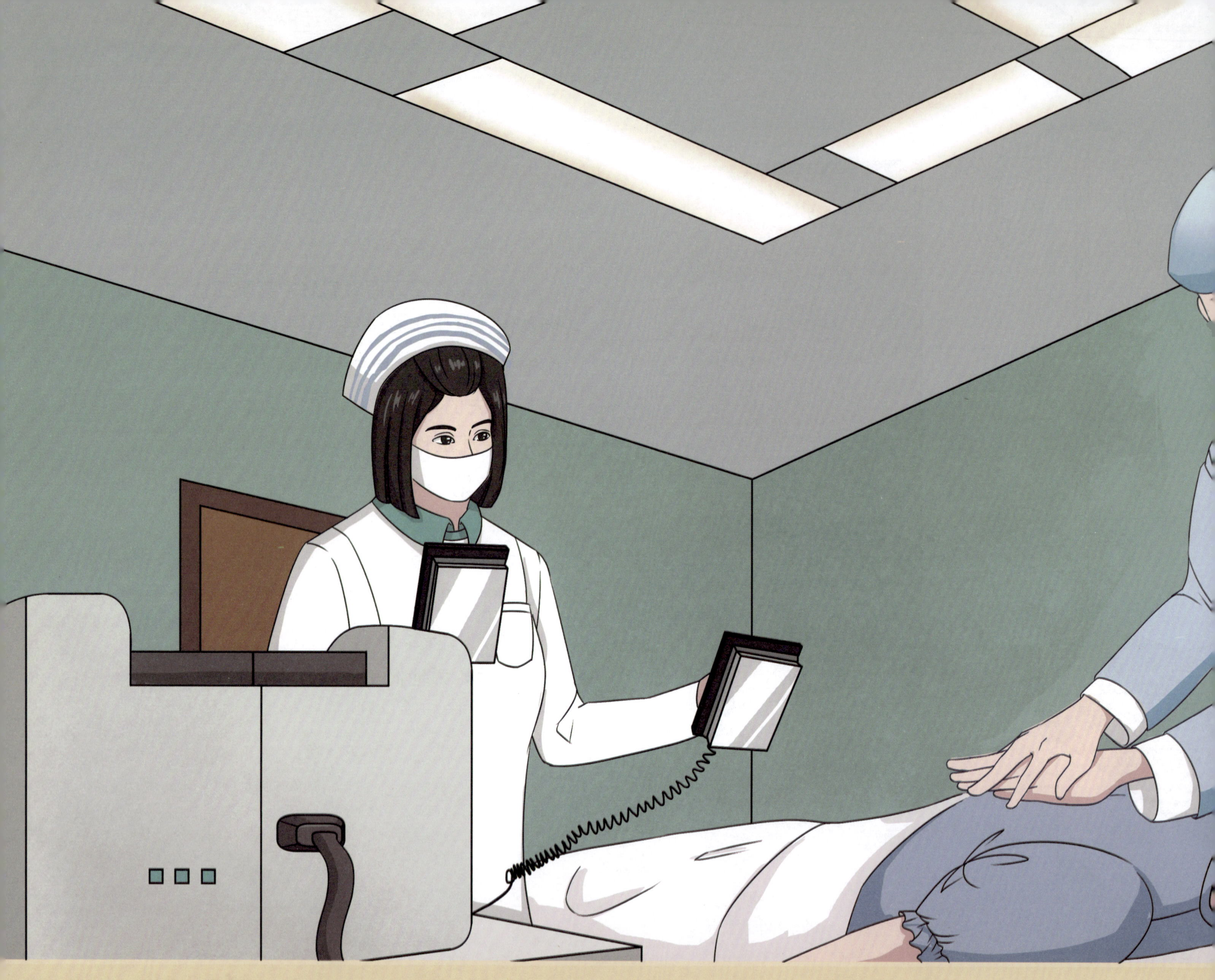

刚上班那年，一位50多岁的病人需要服用奎尼丁。这药有副作用，赵庆华依据指标，计算好其副作用发生的高峰时间。

凌晨三点多钟，正是药品副作用即将发作的时刻，她几次跑去查看，果然遇到了状况：病人突发阿斯综合症。赵庆华第一时间通知值班医生，并在医生赶来前做好前期处理，后来经过七次电击，终于把病人从“鬼门关”前拽了回来。

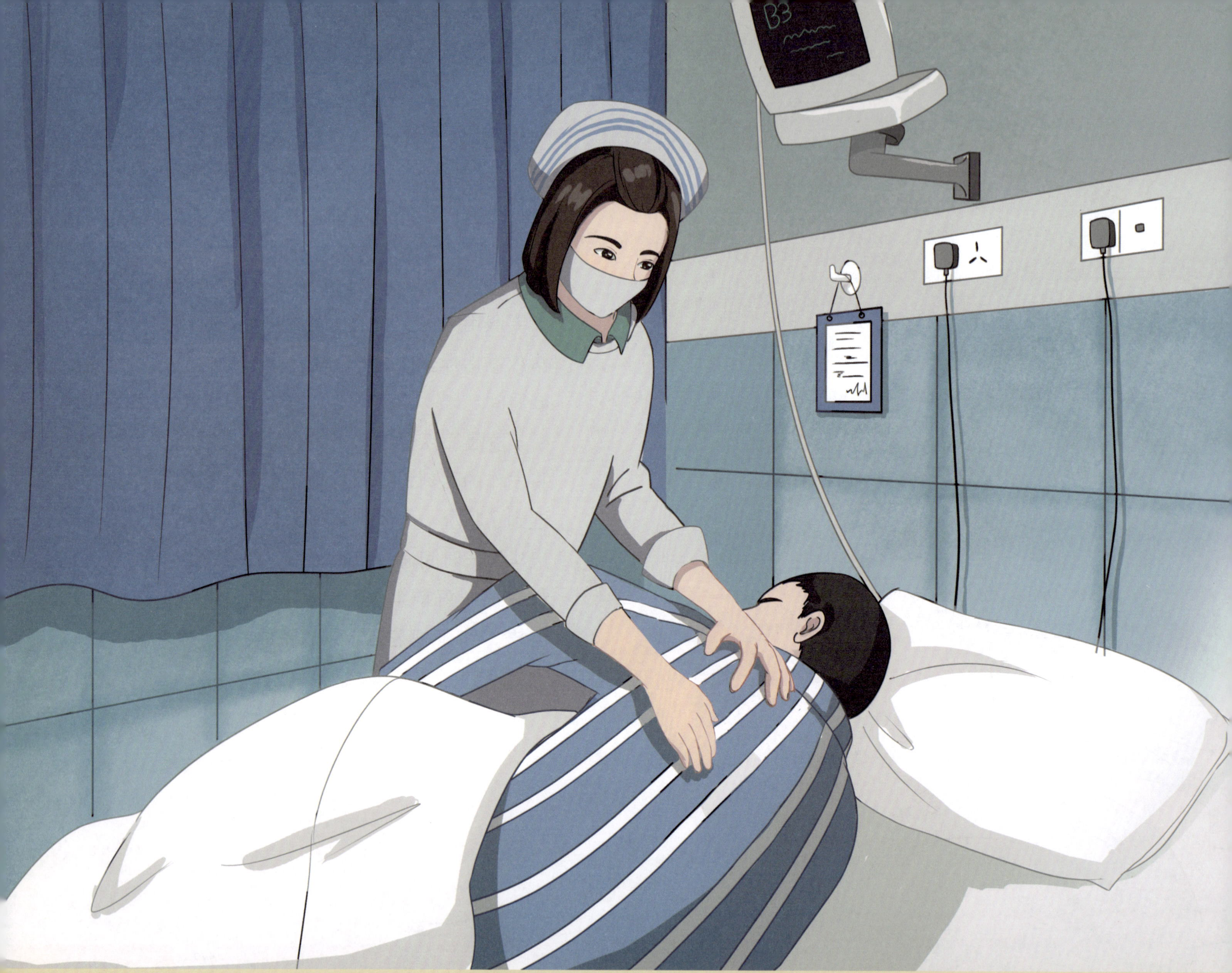
B3

夜间是病人突发疾病的高峰期，赵庆华不敢怠慢。

有一天凌晨四点多钟，她像往常一样仔细巡视每个病房，发现一位因心肌梗塞住院的病人非常难受。原来该病人三天没解大便，可对护理人员难以启齿。赵庆华担心他会因腹内压力过大，引发心脏破裂，立刻戴上手套，利用石腊油，帮助病人顺利排便。

20世纪80年代的病房设施比较简陋，床头无法升高，有时护理不好操作。有一位70岁的老婆婆左心衰急性发作，全身浮肿，不能平卧。由于身体太胖，单靠被褥难以支撑，试了很多办法都不行，她的呼吸越来越急促。

赵庆华来不及多想，模仿小时候跟外婆玩背靠背的游戏，用身体支撑着婆婆的肩背，让对方一直保持半卧位，直到用药后病情缓解。

一胖一瘦悬殊太大，当赵庆华从婆婆病床下来时，累得直不起腰来。

她还遇到过一位患胃平滑肌肉瘤合并冠心病的老年患者，需要用表阿霉素化疗。这种药物的心脏毒性、血管破坏性很大，要求非常严密的监护及高超的穿刺技术，操作中要十分细心。患者血管条件差，为保证穿刺成功，在当时还没有其他防护措施的情况下，赵庆华不得不脱掉防护手套，有时一蹲就是一小时。

由于过度劳累和精神紧张，她不幸流产，还落下并发症，永远失去了做母亲的机会。

意外失去孩子的不幸遭遇，让赵庆华悲不自胜，她甚至怀疑是否还要从事护理工作。前辈、丈夫和同事纷纷给她安慰，陪她散心，更有她护理过的病人，四处找名医和偏方，向她推荐。一时间，赵庆华反倒成为大家最关心的“病人”。

这点点滴滴的温情，汇成一股强劲的暖流，让赵庆华重新鼓起勇气，坚守岗位，继续追逐自己的白衣天使梦。

86 岁的文老师患上了老年痴呆症，经常闹着不吃饭不吃药。年轻的护士们想到了赵庆华：只有她能安抚老人。

“乖，你不吃饭的话，我明天就不来看你了哦。”赵庆华把双手搭在老人肩上，轻轻对她说着。这一招很管用，在她的软语劝说下，老人就像听妈妈话的小孩一样，乖乖吃起饭来。

多少年来，她几乎每天都泡在病房里，用心护理着每一位患者。很多小病人都管她叫“赵妈妈”，因为她对病人的付出就像母亲对孩子一般无微不至，充满慈爱。“虽然我没孩子，但我愿意像母亲一样，照顾我的患者。作为一个医护工作者，应该有这样的母性关怀。”

曾经有人问，因为工作而失去当母亲的机会，后悔吗？

最初，对这个问题的答案，赵庆华很犹豫。随着时间推移，在护理岗位一干就是37年，如今，她的答案是“不后悔”。“‘母亲’这个身份是我一直期望的，最终却成了遗憾。有些事情可能就是注定的。虽然这份母爱无法传递给自己的孩子，却能转化为更广泛的爱，传递给那些需要照顾的病人。”

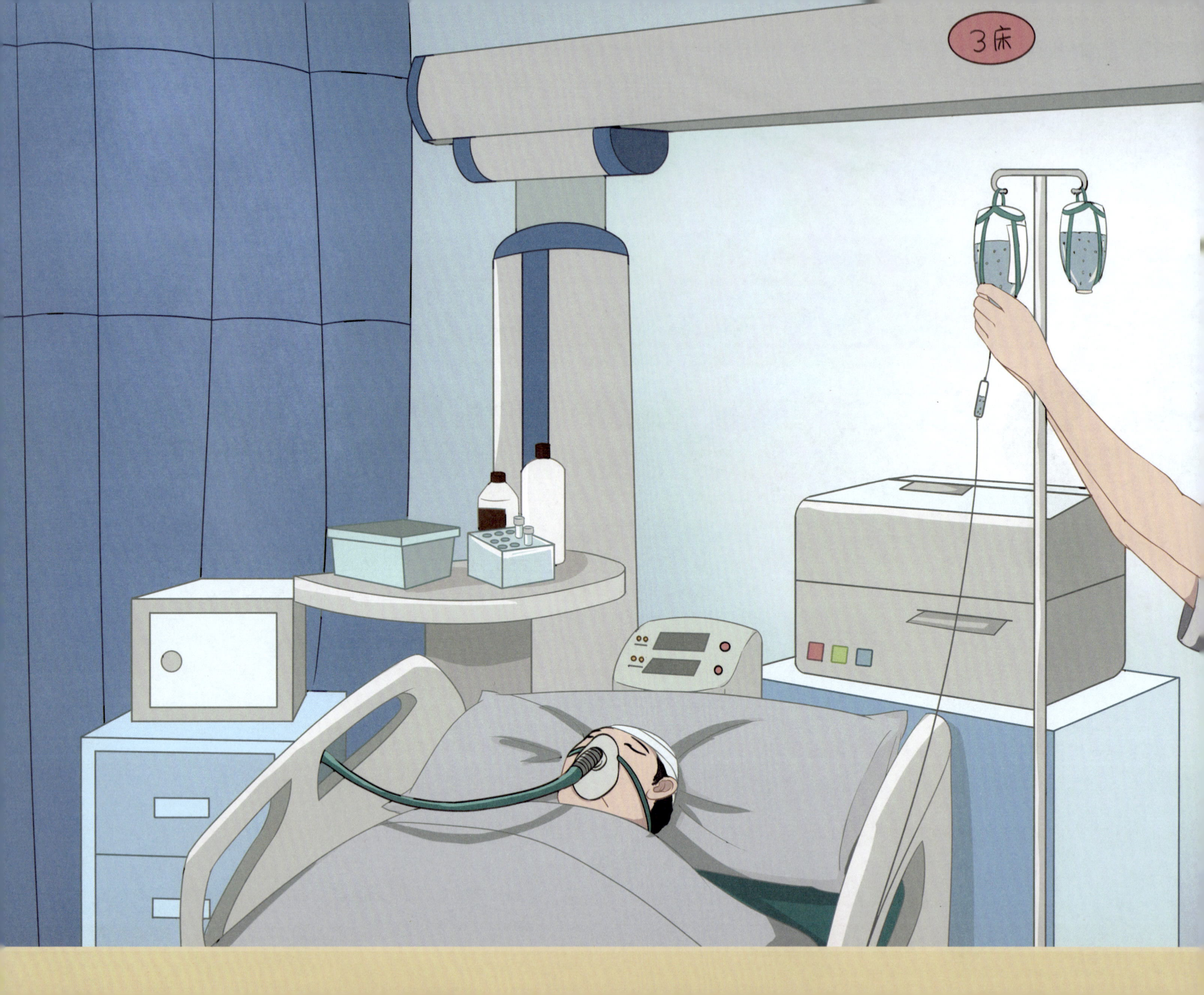
3床

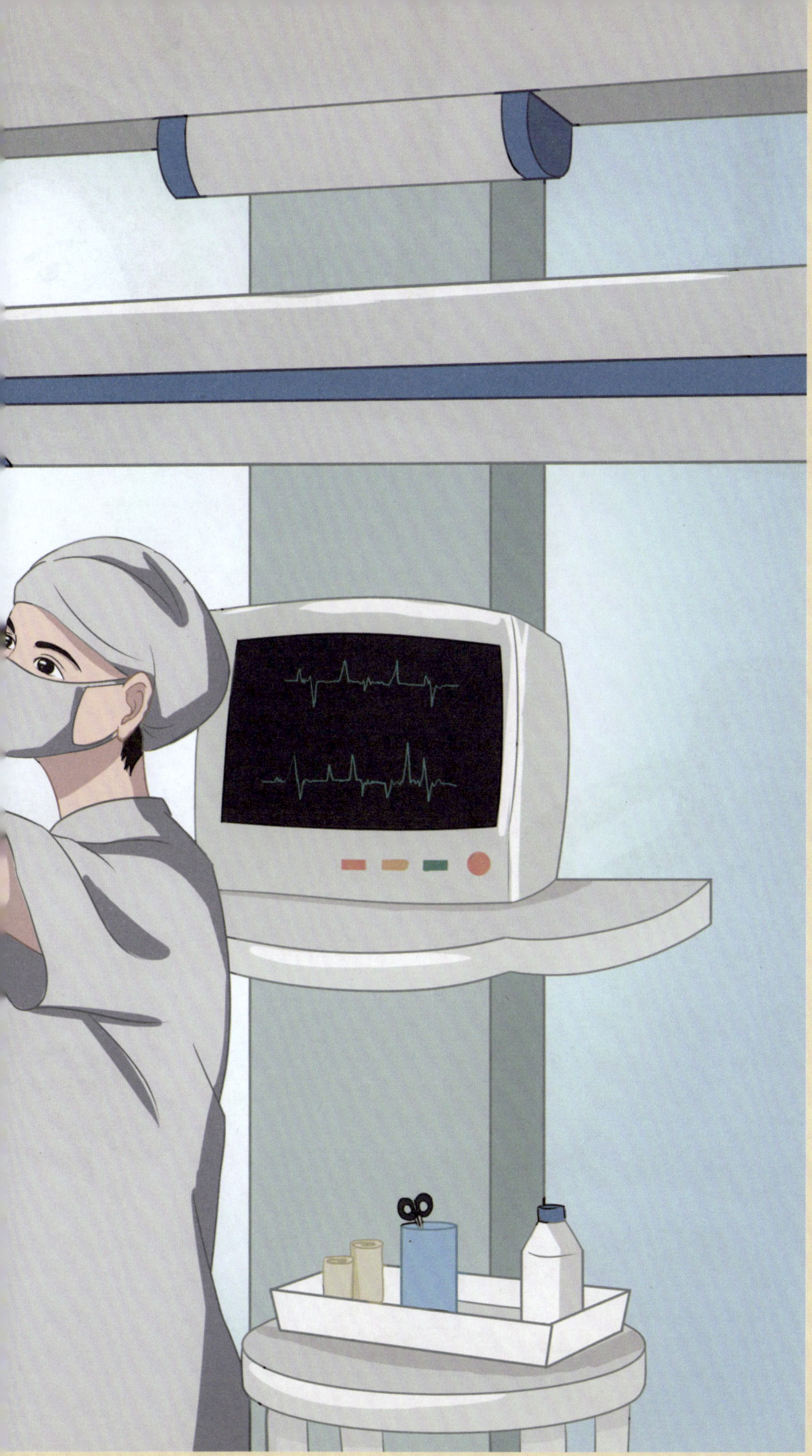

2008年，四川汶川大地震发生后，灾区伤员一批接一批被送往医院救治，其中不乏伤势过重危及生命的患者，赵庆华日夜忙碌，没睡过一个整觉。

面对上级部门下达“零感染、零截肢、零死亡”的救治标准，赵庆华带领的护理团队虽然压力巨大，但她们竭尽全力，积极救治每一个伤员。

在地震灾区伤员中，有一位17岁的小伙子伤情十分严重，这位姓母的伤员全身粉碎性骨折断，呈现多器官衰竭状态。小母的大家庭里18口人罹难，活下来的只有他和爸爸。小母的妈妈也是护士，在地震中不幸离去，更让赵庆华对小母多了一分怜悯。

由于受到生理和心理双重打击，小母一度想放弃生命，不惜以绝食来拒绝治疗。赵庆华耐心给小母喂饭，陪他聊天，像母亲一样嘘寒问暖，细心呵护。经过一段时间的精心治疗和心理安慰，终于帮他排出了心中的痛苦。

转院到重庆医科大学附属第一医院治疗的孩子们，有的听说家人在地震中离世，整天伤心流泪，情绪低落，不肯吃饭，也不愿说话。于是，赵庆华每天都去病房，一边抚慰一边开导，有时还亲自送上鸡汤。慈祥的微笑和悉心的照顾，感动了地震灾区的孩子们，他们都亲切地称呼她："赵妈妈"。

赵庆华非常感动，她没有想到，早前因为护理，失去了自己的孩子，如今因为护理，她又得到了这么多的"孩子"。

门 诊 部

2009年11月2日，重庆医科大学附属第一医院护理部响起急促的电话铃声。市卫生部门紧急命令：“重庆发现一例‘H1N1甲流’病例，请迅速组织护理人员参与救治！”

赵庆华迅速行动，挑选治疗设备、进行定向培训、组建隔离病房……从晚上忙到次日凌晨，一支抗击“甲流”的专业护理团队宣告成立。

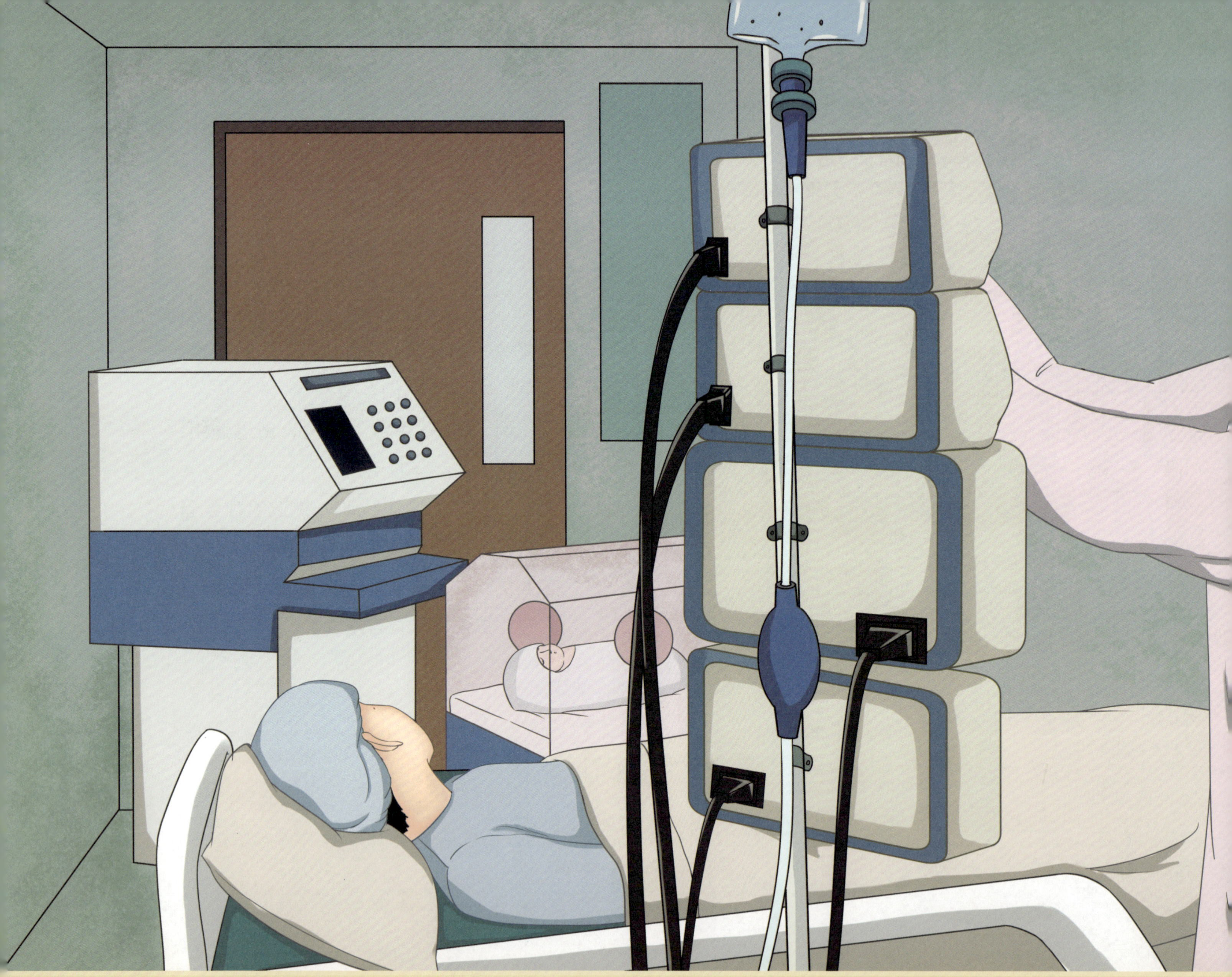

2009年11月3日凌晨3点40分，一位刚进行了剖腹产的妇女被顺利转入隔离病房，她是重庆首例“甲流”危重症病例。此后111天，冒着被感染的风险，赵庆华带领团队对患者展开全天候护理。“我们实行‘车轮战’，一天下来，每个护士进入病房达10次以上。”

除了日常护理，她更重视对产妇的心理疏导，慢慢控制其产后忧郁症。宝宝嘤嘤啼哭的片段，吃饱了睡得一脸满足的照片，都被第一时间送进隔离病房。

科学合理的治疗计划，辅以日以继夜的精心护理，终于击退了“甲流”病魔。

从临床到管理的角色转变后，赵庆华步入了护理生涯的新阶段，开始携手团队共同前行。

2005年，她以提高护理服务质量为目标，以“接待热心、治疗细心、护理精心、解释耐心、征求意见虚心”为核心理念，提出了“五心”护理模式，在医院正式推行。随后，全院行动起来，开始实行规范的护理服务流程，并要求全体护理人员用真心、真情，为所有患者提供全方位、优质、高效、便捷、人文、满意的护理服务。

无菌技术

20世纪80年代末期，国家恢复护理高等教育，赵庆华协助创办了重庆市第一所护理夜大，为护士接受高等教育拓展了新的途径。

2003年，她成为重庆医科大学首批护理硕士生导师。凭借长期积累的经验，赵庆华推出了教学新模式“导师组”，即重组“一导师对一研究生”的传统线性教学模式，将不同导师和研究生混合组队，实现导师对学生的有效互动，实现“交叉教学，共同指导”。

无菌技术
无菌技术

在出色完成校内教学的同时，赵庆华还有另一拨“学生”——

通过医院电教室的网络信号传输系统，她的音像被传递到100公里外的区县。在那里，来自偏远基层医疗单位的护士们，正拿着笔记本聚集在显示器前。

赵庆华一直坚持为偏远医疗单位提供业务指导，为此放弃了大部分周末的休息时光。十多年以来，培训惠及70余家医疗单位，约10万名基层护理人员成为她的“学生”。

义诊

三峡移民工程启动后，库区移民的健康卫生问题成为人们的关注焦点。库区医疗情况严峻，缺乏硬件设施、教育资源、规范流程和制度标准。

赵庆华跟团队成员商讨，短时间内成立了一支帮扶志愿者队伍，帮助库区医疗机构训练护理团队。她带领团队成员行进在崎岖、陡峭的山路上，冬天顶着雨雪和严寒。有一次，汽车行进在泥泞的公路上发生“漂移”，差一点险些酿成车祸，想起这件事，她和同伴们至今胆怯。

一个帮扶库区的周末，走到半路，她突然接到四川老家告急的电话，74岁的母亲慢性支气管炎急性发作引起重症肺炎。仔细权衡后，赵庆华决定把母亲托付给在老家医院工作的同学照顾，自己继续去库区。

后来得知，母亲当时的病情非常危急，随时有生命危险，为让女儿安心工作，母亲故意隐瞒了病情。帮扶过程中，有失也有得，付出的是汗水、是辛劳，少了与亲人相处的温馨时光，而收获的是与库区医护人员彼此信任和携手并进的幸福。

重症医学科
ICU

见过太多生离死别，目睹失明、器官衰竭患者漫长而无助的等待……赵庆华一直在想，自己能做些什么呢？

“也许我们再努力一点，多做一两件举手之劳之事，就能为他们带来新的希望。”2012年，她毅然登记成为器官捐献志愿者，并动员近百名医护人员填写了人体器官捐献登记表，以此表达对器官捐献工作的支持和推动。

重庆市红十字志

2012年，赵庆华加入重庆市红十字志愿者队伍，成为一名真正的红十字志愿者。第二年，重庆医科大学附属第一医院红十字志愿服务队宣告成立，赵庆华担任队长。

志愿服务队走街串巷，走进社区，走进校园，开展人道主义、救死扶伤、遗体器官捐献宣传，进行应急救护培训，以及心理咨询和关爱留守儿童等各种主题的公益活动，受到市民的好评和肯定。

“让更多的伤病员和困难人群获得新的生命！”这是赵庆华志愿服务队的最大心愿。

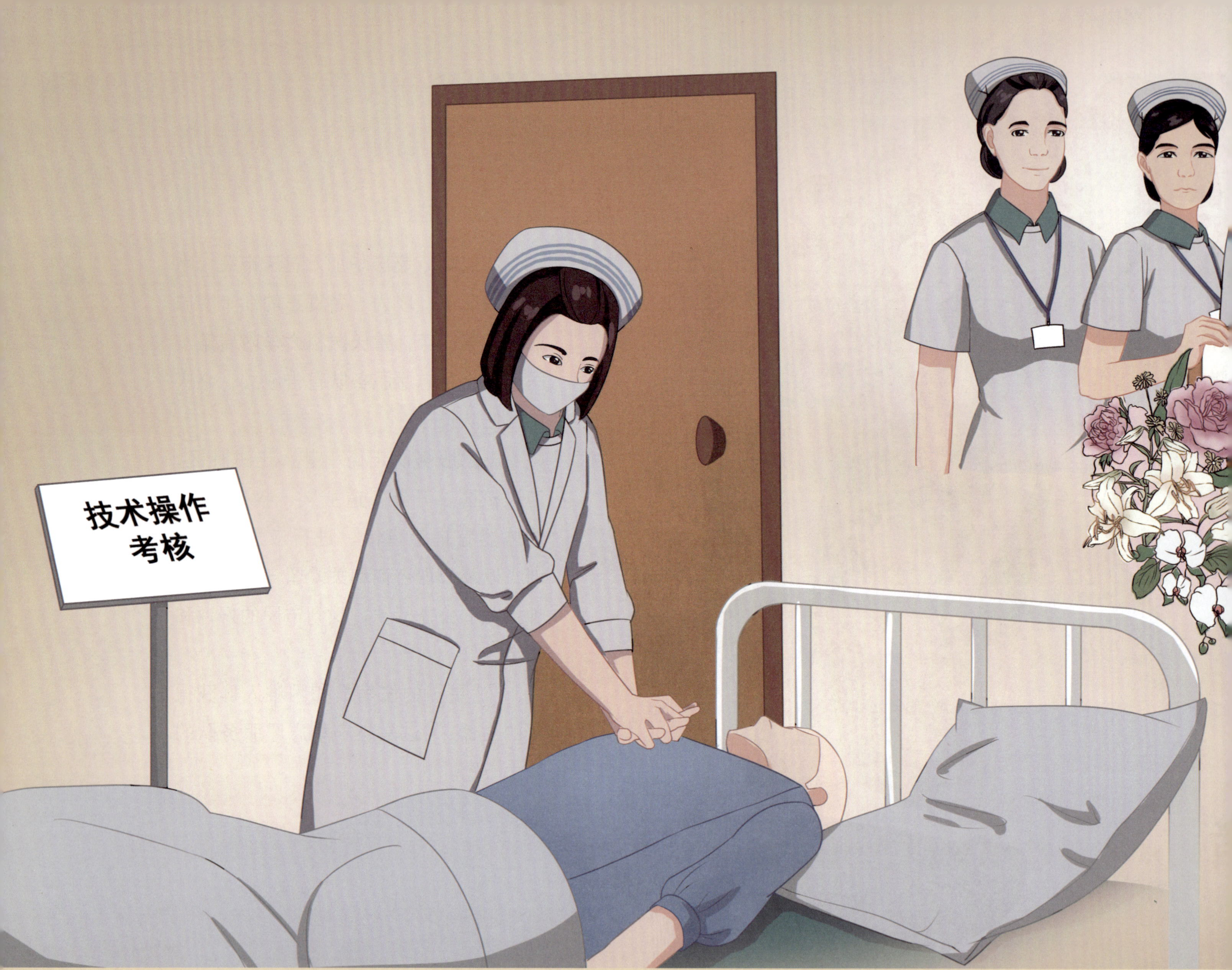
技术操作
考核

2007年6月，全国卫生系统护士岗位技能训练和竞赛考核拉开序幕。赵庆华挑选了5名年轻护士，代表重庆参赛。为了在比赛中取胜，赵庆华率领的团队付出最多，每天都训练到最后，在管理人员多次催促后才离开，几乎每晚只睡三四个小时。

工夫不负有心人。比赛结果出炉，赵庆华团队获得了“全国护士岗位技能竞赛”的金奖，这也是西南地区唯一获得“全国卫生系统护士岗位技能竞赛金奖”的医疗团队。

《逐
——我

2015年9月15日，第45届南丁格尔奖章颁奖大会在北京人民大会堂隆重举行。赵庆华从原中华人民共和国副主席、中国红十字会名誉会长李源潮手中，接过南丁格尔奖章。

赵庆华载誉而归。面对鲜花和掌声，面对媒体记者，赵庆华真诚地说：“我们一直都在践行南丁格尔精神，传承大爱、尊重生命，在技术上精益求精。今后，我将继续用满满热忱对待护理事业。”

赵庆华在各地举行的报告会上，她以《逐梦人》为主题，讲述自己和护理伙伴们共同战斗的经历。她充满激情的演讲，每一字，每一句话，都凝聚了她为护理事业倾注的一腔热血。

每一场演讲，都受到听众的赞扬和喝彩，许多人感动得流下了热泪。

后记

英模是时代的精神、民族精神的化身，凝聚着一个行业的精气神。为在青少年儿童中传播救死扶伤的人道主义精神，配合中小学生开展励志教育活动，我们经过一年时间的编写创作和精心绘制，《赵庆华护理记》这本动漫图书，今天终于与读者见面了。

这是一本深受小朋友喜爱的绘本。主人公赵庆华是重庆医科大学附属第一医院护理部主任，她先后获得“全国三八红旗手”“全国岗位学雷锋标兵”“中国好医生好护士”、第45届“南丁格尔奖章”等诸多荣誉。她的事迹生动感人，是青少年儿童正能量教育的好教材。

我们希望有更多的青少年儿童阅读和收藏本书。通过阅读，感受人道、启蒙爱心、励志人生，让未来充满快乐和幸福！

本书在编写出版过程中，得到重庆市卫生和健康委员会、重庆市红十字会、重庆医科大学附属第一医院等单位的大力支持，在此一并感谢！

由于水平有限，书中如有不足之处，恳请读者指正。

编　者

2019年4月